AF139394

Peter Oberfrank

Liebe und träumen

Impressum:

Bibliografische Information der Deutschen
Nationalbibliothek: Die Deutsche
Nationalbibliothek verzeichnet diese Publikation in
der Deutschen Nationalbibliografie; detaillierte
bibliografische Daten sind im Internet über
www.dnb.de abrufbar.

© 2019 Peter Oberfrank
Herstellung und Verlag
BoD – Books on Demand, Norderstedt

ISBN 9783734766329

Liebe und träumen sind
wunderschön und mit Lachen.
Dies ist ein kreatives Buch mit
Buchstaben, Satzzeichen,
Rechenzeichen, Ziffern,
Zahlen, Sonderzeichen und
Zeichnungen ….. schreiben,
lesen, rechnen, zeichnen,
malen und denken. Einfach
Spaß und glücklich sein.

Buchstabe

A

Buchstabe

a

Buchstabe

B

Buchstabe

b

Buchstabe

C

Buchstabe

C

Buchstabe

D

Buchstabe

d

Buchstabe

E

Buchstabe

e

Buchstabe

F

Buchstabe

f

Buchstabe

G

Buchstabe

g

Buchstabe

H

Buchstabe

h

Buchstabe

I

Buchstabe

i

Buchstabe

J

Buchstabe

j

Buchstabe

K

Buchstabe

k

Buchstabe

L

Buchstabe

L

Buchstabe

M

Buchstabe

m

Buchstabe

N

Buchstabe

n

Buchstabe

O

Buchstabe

o

Buchstabe

P

Buchstabe

p

Buchstabe

Q

Buchstabe

q

Buchstabe

R

Buchstabe

r

Buchstabe

S

Buchstabe

y

Buchstabe

T

Buchstabe

t

Buchstabe

U

Buchstabe

u

Buchstabe

V

Buchstabe

V

Buchstabe

W

Buchstabe

w

Buchstabe

Buchstabe

x

Buchstabe

Y

Buchstabe

y

Buchstabe

Z

Buchstabe

Z

Buchstabe

Ä

Buchstabe

ä

Buchstabe

Ü

Buchstabe

ü

Buchstabe

IE

Buchstabe

ie

Buchstabe

β

Satzzeichen

,

Satzzeichen

.

Satzzeichen

?

Satzzeichen

!

Satzzeichen

Jemand sagt : ,, Wort oder
Wörter ''

Satzzeichen

„ Wort oder Wörter "

Rechenzeichen

+

Rechenzeichen

—

Rechenzeichen

.

Rechenzeichen

:

Rechenzeichen

=

Ziffern

0

1

2

3

4

5

6

7

8

9

Zahlen

10

11

12

13

14

15

und so weiter

Satzzeichen und
Rechenzeichen

(Wort oder Wörter, Ziffern
oder Zahlen – mit oder ohne
Rechenzeichen)

Sonderzeichen

Nummer
% Prozent
° Grad

und so weiter ....

In Buchschrift die Buchstaben des Alphabets (= alle Buchstaben), Satzzeichen, Rechenzeichen, Ziffern, Zahlen, Sonderzeichen

Buchstabe

A

Buchstabe

a

Buchstabe

B

Buchstabe

b

Buchstabe

C

Buchstabe

c

Buchstabe

D

Buchstabe

d

Buchstabe

E

Buchstabe

e

Buchstabe

F

Buchstabe

f

Buchstabe

G

Buchstabe

g

Buchstabe

H

Buchstabe

h

Buchstabe

I

Buchstabe

i

Buchstabe

J

Buchstabe

j

Buchstabe

K

Buchstabe

k

Buchstabe

L

Buchstabe

l

Buchstabe

M

Buchstabe

m

Buchstabe

N

Buchstabe

n

.

Buchstabe

O

Buchstabe

o

Buchstabe

P

Buchstabe

p

Buchstabe

Q

Buchstabe

q

Buchstabe

R

Buchstabe

r

Buchstabe

S

Buchstabe

s

Buchstabe

T

Buchstabe

t

Buchstabe

U

Buchstabe

u

Buchstabe

V

Buchstabe

v

Buchstabe

W

Buchstabe

w

Buchstabe

X

Buchstabe

x

Buchstabe

Y

Buchstabe

y

Buchstabe

Z

Buchstabe

z

Buchstabe

Ä

Buchstabe

ä

Buchstabe

Ü

Buchstabe

ü

Buchstabe

IE

Buchstabe

ie

Buchstabe

ß

Satzzeichen

,

.

Satzzeichen

.

Satzzeichen

?

Satzzeichen

!

Satzzeichen

Jemand sagt : „ Wort oder Wörter “

Satzzeichen

„ Wort oder Wörter "

Rechenzeichen

\+

Rechenzeichen

-

Rechenzeichen

.

Rechenzeichen

:

Rechenzeichen

=

Ziffern

0
1
2
3
4
5
6
7
8
9

Zahlen
10
11
12
13
14
15
und so weiter

Satzzeichen und Rechenzeichen

(Wort oder Wörter, Ziffern oder Zahlen
- mit oder ohne Rechenzeichen)

Sonderzeichen

\# Nummer
% Prozent
° Grad

und so weiter ….

LIVING IN HARMONY WITH NATURE

APRIL 2011

155

158

159

Die Liebe ist schön und ewig.

Angaben zu den gezeichneten
Originalbildern:

Umschlagseite: Hearti, Buntstifte, gezeichnet
von Peter Oberfrank im Mai des Jahres 2019

Seite 155: Indianer mit englischsprachiger
Titelbezeichnung „LIVING IN HARMONY
WITH NATURE", Acrylfarben, gezeichnet
von Peter Oberfrank im April des Jahres 2011

Seite 156: Natur und Regenbogen,
Wasserfarben, gezeichnet von Peter Oberfrank

Seite 157: Color, Acrylfarben und
Wachsmalstifte, gezeichnet von Peter
Oberfrank im Jahr 2019

Seite 158: Playing with colored numerics,
Buntstifte, gezeichnet von Peter Oberfrank

Seite 159: Natur, Buntstifte, gezeichnet von
Peter Oberfrank

Seite 160: Clown, Acrylfarben, gezeichnet von
Peter Oberfrank

Seite 161: Kliri, Buntstifte, gezeichnet von
Peter Oberfrank im Mai des Jahres 2019